读客文化

半小时
漫画中国史（番外篇）
中国传统节日

陈磊·半小时漫画团队 著

海南出版社
·海口·

图书在版编目（CIP）数据

半小时漫画中国史. 番外篇. 中国传统节日 / 陈磊

·半小时漫画团队著. -- 海口：海南出版社，2019.10（2020.11重印）

（这本史书真好看文库）

ISBN 978-7-5443-8937-2

I.①半… Ⅱ.①陈… Ⅲ.①中国历史—通俗读物②

节日—风俗习惯—中国—通俗读物 Ⅳ.①K209

②K892.1-49

中国版本图书馆CIP数据核字(2019)第237620号

半小时漫画中国史（番外篇）：中国传统节日

BAN XIAOSHI MANHUA ZHONGGUOSHI（FANWAI PIAN）：
ZHONGGUO CHUANTONG JIERI

作　　者	陈磊·半小时漫画团队
责任编辑	陈　波
执行编辑	徐雁晖
封面设计	读客文化　021-33608311
印刷装订	北京盛通印刷股份有限公司
策　　划	读客文化
版　　权	读客文化
出版发行	海南出版社
地　　址	海口市金盘开发区建设三横路2号
邮　　编	570216
编辑电话	0898-66817036
网　　址	http://www.hncbs.cn
开　　本	880毫米 x 1230毫米 1/32
印　　张	7.5
字　　数	20千
版　　次	2019年10月第1版
印　　次	2020年11月第2次印刷
书　　号	ISBN 978-7-5443-8937-2
定　　价	39.90元

如有印刷、装订质量问题，请致电010-87681002（免费更换，邮寄后付）

陈磊·半小时漫画团队介绍

总策划：陈磊

李翔

蒙古王

赵瑞丽

手冲杯面大师

吴剑英

安亭德彪东

王源

重度强迫症晚期患者

王一然

猫奴文艺女青年

焦旭

闷骚领域先锋

于岩

能写能画能打全能选手

马亚轩

脑洞大开的设计师

左康泽

文案绘画两栖人才

沈冬阳

混子曰的竹竿

石峰

哼哧兽召唤师

江炜

混子曰第一高度

季志明

向往自然科学的画师

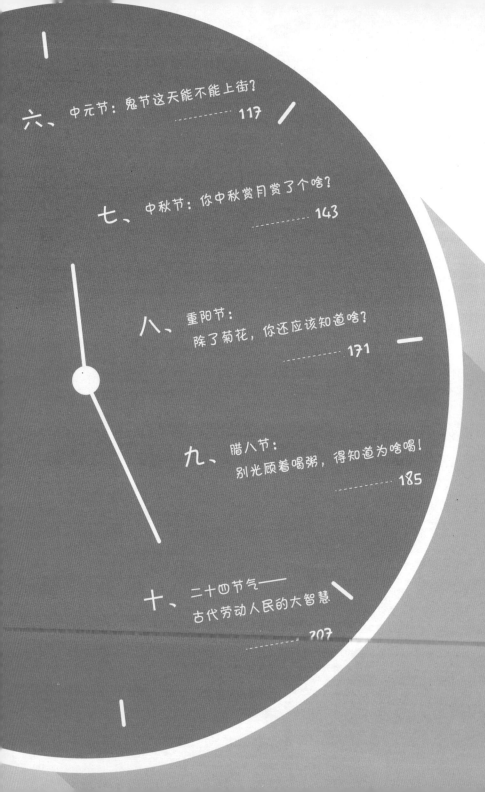

一、你可能不知道，
春节其实也就100多年的历史

每到春节，总会有很多问题萦绕在我们的脑海中：

除了这些直击灵魂的拷问，还有件事儿，大家是不是也一直很费解——

春节每年都过，但为啥具体的过年时间却总是不确定呢？

来，各位客官，带好小板凳。这次我们就来深扒一下"**年**"的故事。

一、"年"是咋来的

很久很久以前，有个原始人叫老原。他生活在蛮荒时代，穷得叮当响，既没手表又没手机，所以没啥时间概念。

村里有个姑娘叫小芳，长得好看又善良，老原很是中意她，便对她展开了猛烈的追求。

于是老实人老原打太阳一升起，就勇闯天涯，四处觅食，太阳下山，刚好把一天的收获送到小芳家。

日出而作   日落而息

老原的作息全程参考太阳在天上的位置，所以这样一个工作周期简称——

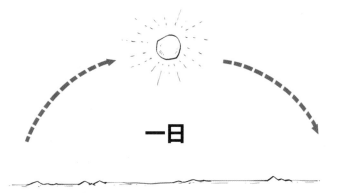

一日

老原辛辛苦苦追了好久，终于把小芳追到了手。

热恋中的二人，玩了把浪漫，相约每晚一起看星星、看月亮，从诗词歌赋，聊到人生哲学。

可时间一久，他俩发现事情好像没那么简单！

月亮有时候很圆，有时候很扁，有时候又变弯了！

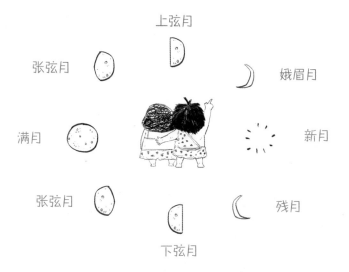

而且月亮的变化很有规律，差不多以30天为一个周期，于是，他们就把月亮变化的周期叫作——

一个月！

经历了几个月的缠绵，小芳有了身孕。

老原不得不重新振作精神，开始到处找吃的。可经过一场大雪，世界都秃了！他啥也找不着了！

老原掐指一算，恍然大悟：**原来每过三个月就会换个气候啊！**

一共四种气候，每个循环要花12个月，于是就把这个循环叫作——

一年！

至此，日、月、年都有了，他又总结了三者之间的规律，这就形成了——**历法**。

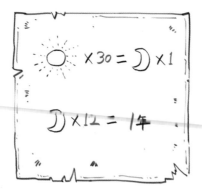

这个由月亮绕地球转12个圈圈所组成的年叫**月亮年**。

老原开开心心地把这历法传给了后代，希望大家都能收获美丽爱情。

二、眼前的年是什么年

历法在手，生活无忧！

老原的后代，上至结婚，下至私奔，都被这历法安排得明明白白。

可用着用着，大家感觉不大对劲——

没错！大伙发现，几年过后，这历法渐渐地和气候对不上了！

而且，这时的人们已经意识到，气候变化其实跟太阳有关。

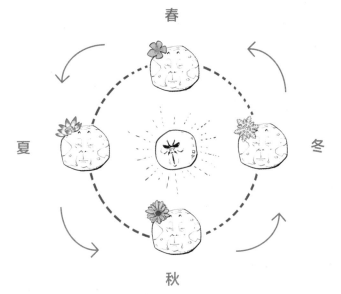

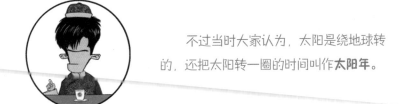

不过当时大家认为，太阳是绕地球转的，还把太阳转一圈的时间叫作**太阳年**。

那这太阳年到底有多少天呢？

此时出现了个高科技——**圭表测影。**

简单来说就是，人们拿个东西杵在地上，测量每天它影子长短的变化。

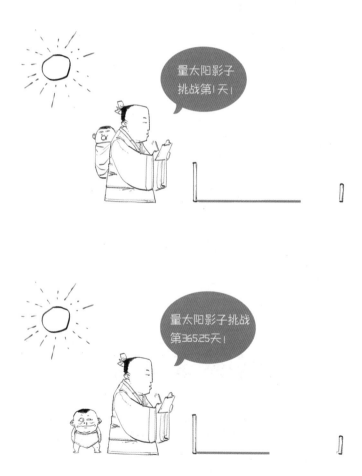

人们把这结果和月亮年做了对比，不比不知道，一比吓一跳！

月亮年：354天。　　　太阳年：365.25天。

哎呀！月亮年一下少了十几天！

那两三年下来，月亮年和太阳年之间不就相差一个月了吗？难怪会出现季节错乱。

两个太阳年

两个月亮年

那怎么把这季节的误差给纠正过来呢?

于是大家灵机一动:每过两三年往月亮年里加一个月不就好了吗?

走你!

这个被加入的月份就是传说中的**闰月,**而这种方法就叫**置闰。**

后来为了更精确,大家又发明出"十九年七闰"等置闰法。

置闰的出现解决了太阳年和月亮年的差距问题。

于是，人们将只用太阳年的历法，叫作**阳历**；

只用月亮年的历法，叫作**阴历**；

既用太阳年又用月亮年的历法，就叫**阴阳合历**。

其实咱们祖先用的是阴阳合历，不是纯阴历！这样一来，季节不会乱，农民伯伯可以愉快地挑日子种地了，所以这种阴阳合历也被称作**农历**。

所以记住咯，我们常说的阴历和农历实际上可并不是一回事！

虽然阴阳合历把太阳年和月亮年都考虑到了，但人们过年只能过一个，大伙还是通过月亮年，来定哪天是新年第一天。可在哪一天过年，人们却有不同意见！

三、到底啥时候过年

大家都知道，新年那天所在的月叫**正月**。开始的时候，大家都把春天的第一个月，也就是一月，当作正月。

正月			
1	2	3	春
4	5	6	夏
7	8	9	秋
10	11	12	冬

而自从学会观察太阳影子后，大家特别看重影子最长的那天，管那天叫**冬至**。接着人们进一步又把冬至定为新年。

影子最长！
过年咯！耶！

由于测量技术等原因，古代冬至的日子也不是固定的，有时在农历十一月，有时在十二月。

可冬至做了春节以后，并没风光多久……

秦始皇一统天下后，他确实有点儿膨胀，老觉得用前人的历法不够霸气！

于是很骚包地把新年改到了**十月初一**。

十月里来是新春哎！
Come on！一起来！

不仅如此，因为"正"和"嬴政"的"政"同音，为了避讳，所以秦始皇时期就没有"正月"的说法了。

大家一下子换了历法，总觉得有点怪怪的。

更烦人的是，由于秦历不够精准，时间一长，又出了问题，比如月亮的圆缺老跟历法对不上。

一边是过年不便，一边是天象不对。

秦朝灭亡后，接盘了秦历的汉朝人对这种现象十分鄙视，天天哀号着要改变历法。于是汉武帝大手一挥，召集了一大帮人重修历法。

于是汉朝大V集体出动，推翻了秦历，吭哧吭哧地搞出了一部全新的历法——

太初历

太初历不仅修正了月亮的圆缺时间，还恢复了一月的正月地位，从此正月就存在大家深深的脑海里。

秦始皇　　　　　汉武帝

虽然此后的朝代也改过新年月份，但大多遵循了一月为正月的传统。

此外，十二月一般被称为**腊月**。传统意义上的春节，是指腊月初八的腊祭或腊月二十三的祭灶，到正月十五，其中除夕和大年初一，是整个春节的高潮。

好了，过年的日子就这样被固定了下来。可该怎么过年，不同时代的人有不同的攻略。

四、过年全攻略

人们一开始过年没后来这么多花头，什么贴春联、放鞭炮都是不存在的。

那时技术不发达，天气还特别坏，种地非常辛苦。于是，到了年终，大家就开始求助各路神仙，希望来年有个好年景。

于是，最早的**年终祭祀**就这样形成了。

祭祀光跳大神还不够，得整点实际的，于是家家都磨刀霍霍向猪羊，精心筹备贡品。

这种带肉的祭祀形式就叫**腊祭**，而进行腊祭的这个月就被叫作**腊月**。

可光有祭祀显得太严肃了，到后来，大家心想：**种了一年地，都累成狗了，年终到了，我们得放松一下啊！**

于是，除了祭祀，一些轻松的小活动就悄悄地诞生了。比如，在正月的第一天和亲朋好友开个轰趴啥的。

　　既能放松身心，还能进行学术交流，于是这种开轰趴的风俗就流传至今，也就是我们说的**拜年**。

此外，民间正月开party，那是小打小闹。官方策划的朝会可要隆重多了，主要的保留节目就是敬酒和朝贡。

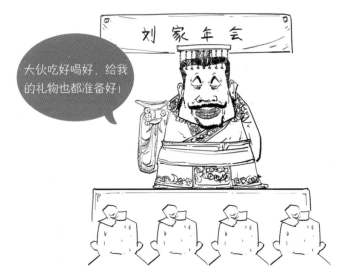

受到上头的影响，普通的老百姓玩得就更开心了。随着社会的发展，人们研发出的娱乐活动也越来越多。

这些活动虽说看上去很娱乐，但实际上都是用来辟邪的，比如说：

舞狮子

咱们国家原本没有狮子，所以也没有狮患，加上狮子长得威武雄壮，老百姓们都挺喜欢，于是就把它当成了勇猛的象征，逢年过节舞一舞，就当驱魔辟邪。

贴春联

春节是一年的开始，大家都想讨个好彩头，别被啥妖魔鬼怪扫了兴，所以就会在门上挂上**桃符**避避邪，据说这种画着门神的小·木片，慢慢就演变成了现在的春联。

放鞭炮

传说中，有一个怪物叫**年兽**，每到年关都要出来伤人，据说它怕三样东西：红色、火光和炸响。于是每到年关，老百姓们就会贴红色的春联，点起火烛，还要放鞭炮，把它吓走。

还有一种说法，这个一到年关就跑出来的怪物叫做**夕**，而所谓**除夕**，就是要驱赶怪兽的意思。

当然这些都只是传说，老百姓们爱放鞭炮，大多也是为了逐瘟神、退恶鬼，图个吉利。

玩得开心很重要，当然也有很多小禁忌——

初一不喝粥　　　初一不打扫　　　正月不剪发

过年的历史这么悠久，活动又这么丰富，早就深入人心了。可到了民国，以太阳年为标准的公元历被引进了，政府让大家就用这个，不许再过农历新年了。

不过农历年？！
我觉得我快要窒息了！

过了几千年的重要节日，咋能说不过就不过了？

老百姓不答应！于是政府只好推出新政策：把阳历的新年叫作**元旦**；

而农历的新年就叫——

春节！

就这样，春节的名字正式被定了下来，而春节的时间则被定为**腊月二十三**到**正月十五**。我们又可以开开心心地过大年了。而春节也成了全宇宙过节人数最多的节日。

好了，过了这么多年春节，这回知道春节是怎么来的了吧！

二、元宵节：吃什么汤圆？！
在古代，那可是情人节

对于这个世界上的很多东西，我们所看到的，并不一定是它的本质，比如……

再比如，一到元宵节，大家都知道要吃汤圆、吃元宵、赏花灯，但没有人知道——

在古代，元宵节其实是用来谈情说爱的！

好好的元宵节，怎么变成了情人节呢？

这章我们就来聊聊这个节日话题——

元宵节的历史

关于元宵节是怎么来的这个问题，人们的说法有很多，但追根溯源，都和一样东西有关——

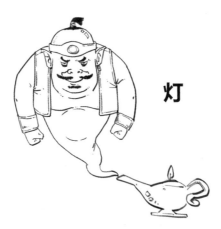

灯

灯这东西，除了用来照明，还有其他用途。而且这些用途都跟元宵节的诞生有点关系。

传说一：庆祝

话说汉高祖刘邦去世后，他老婆吕后成了朝廷的扛把子。

后来吕后也挂了，其他吕家人就趁机搞事情，想要上位掌权，这就是历史上的**诸吕之乱**。

不过这场动乱很快就被刘家人摆平了。**汉文帝**当了皇帝以后，觉得安定幸福的生活来之不易，人们都应该庆祝一下，于是把平定诸吕之乱的这一天，定为全民欢庆日。

而这一天正好是正月十五。

从此之后，每年的**正月十五**，家家都会张**灯**结彩，来纪念诸吕之乱的平定。

不过这种说法并没有史料的支撑，所以大家听听就好。

传说二：祭祀

　　话说在古代，科学不发达，很多自然现象人们都无法解释。每当遇到解释不了的事发生，人们就觉得，一定是有天神在暗箱操作。

　　在古人眼里，有好几个天神，但其中最尊贵的是**太一神**。人们没事就要拜一拜，以祈求风调雨顺、国泰民安。

到了汉武帝时期，祭祀太一神这事儿又上升到一个新的高度。

据说有一次，汉武帝生了一场大病，怎么治都不见好，最后只好放出大招：

咳咳，这是开玩笑的。其实是汉武帝请来了能通神的巫师，让他去问太一神，自己这病什么时候能好。

巫师问过太一神之后，说这病很快就能好，让皇上不用担心。

结果没多久，汉武帝的病真的好了。于是他就觉得，自己应该表示一下，比如写封感谢信、送个锦旗啥的。

感谢天，感谢地，感谢太一神，治好我的病。

就这样，汉武帝决定，在**正月十五**这天，专门祭祀太一神。

由于祭祀是从晚上一直延续到第二天早上的，所以**灯**也要点通宵。

汉武帝生病这事儿有点玄乎，但点灯祭祀确有其事。元宵节赏灯的起源，很可能跟这有关。

传说三：佛教

元宵节的由来，据说跟佛教也有点关系。

按照佛教的说法，它的创始人释迦牟尼，会在每年正月十五这天，变成神去降妖伏魔。

所以这一天就被定为**佛祖神变日**，信徒们需要举行**燃灯法会**来庆祝。

东汉时期，佛教传入中国，皇帝就下令，每年的**正月十五**，我们也要点**灯**应援，来表达粉丝对爱豆的尊敬。

事情发展到这里，我们来总结一下：

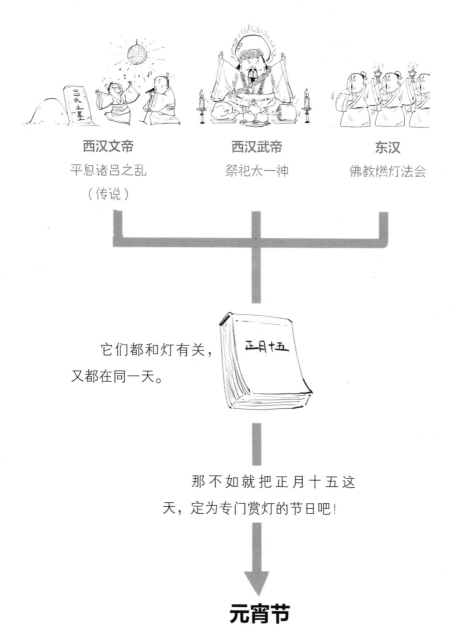

西汉文帝
平息诸吕之乱
（传说）

西汉武帝
祭祀太一神

东汉
佛教燃灯法会

它们都和灯有关，
又都在同一天。

正月十五

那不如就把正月十五这
天，定为专门赏灯的节日吧！

元宵节

古代把正月称为**元**月，把夜称为**宵**，正月十五是第一个月圆之夜，所以就叫元宵。

不过，元宵节在古代不只一个名字，还有上元、元夕、元夜、灯夕等很多称呼。

这是重点，都记下来。

我们重点讲讲其中一个名字，它就是和道教有关的——**上元**。

话说道教有三个神，这三个道教boys被称作**三元**：

天官（上元）　　地官（中元）　　水官（下元）

在三元当中，天官的生日是正月十五，这一天也因此变得很特殊，被称作上元节。

巧不巧？又是正月十五。也是由于这个原因，在推崇道教的时代，比如**唐代**，元宵节也叫**上元节**。

在正月十五这一天，街道上通宵燃灯，老百姓也会出门赏灯，这种风俗一直延续到今天。

正月十五整个晚上都灯火通明，是不是很有盛世气象？是不是应该多宣传宣传？

所以唐朝的时候，元宵节就已经成了一个重要节日。

首先，元宵节前后几天，人们都可以放个小长假，大家一起欢乐一下。

但各朝各代，放假的天数是不同的：

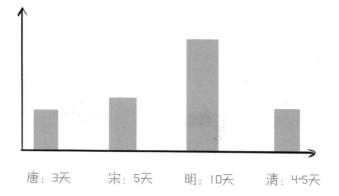

唐：3天　　宋：5天　　明：10天　　清：4~5天

其次，在平时的日子里，国家实施宵禁，晚上不允许老百姓出门。但在元宵节这天，宵禁被临时取消，大家都可以出来看花灯。

大家发现没有，元宵节这天有灯有人有氛围，是不是还挺适合谈情说爱的？

特别是对于古代女子，她们平时不能随便出门，好不容易有这个随便上街溜达的机会，必须好好把握这个机会，那简直就是现实版的《非诚勿扰》。

电视剧《大明宫词》中的太平公主，也正是在上元节的那个夜晚出宫赏灯，才遇见了自己的心上人。

北宋欧阳修有一首词，写的就是元宵节和恋人相约的场景：

去年元夜时，花市灯如昼。
月上柳梢头，人约黄昏后。

南宋辛弃疾有一名句，也是借在上元节发生的一段爱情故事，
来抒发自己的志向。

众里寻他千百度。
蓦然回首，
那人却在，灯火阑珊处。

所以，在古代，元宵节表面上是灯节，实际上却是个**情人节**。

没毛病，和灯在一起，最适合恋爱了。

至尊宝　　　紫霞仙子

人们光顾着赏灯和艳遇了，可是肚子要是饿了，是不是得吃点什么？

在唐朝那会儿，人们还不吃元宵，当时的食物主要有两种——

油锤

面蚕

这两种食物的原材料都有糯米，所以它们已经有点后来元宵的雏形了。

到了宋朝，人们又发明了一种在正月十五吃的食物，就是把糯米包上馅，再放到锅里煮。

圆圆的糯米球，受热后会逐渐浮出水面，于是人们就给它起了个名字：**浮元子**。

这就是**汤圆**的前身。

后来这种食物流传开来，在一些地方，它们被直接命名为**元宵**。

所以，汤圆和元宵最初是一种东西。只是在后来的发展过程中，南北方在做法上分成了两派，便逐渐成了两种不同的食物。

北方吃元宵：摇滚派做法

把馅调好，切成块
状，将它们蘸水；

把块状的馅放进盛
有干糯米粉的容器里，
让它们尽情摇摆；

等到它们变成球，
元宵也就做好了。

南方吃汤圆：包衣派做法

先给糯米粉加点水，
将其揉成面团；

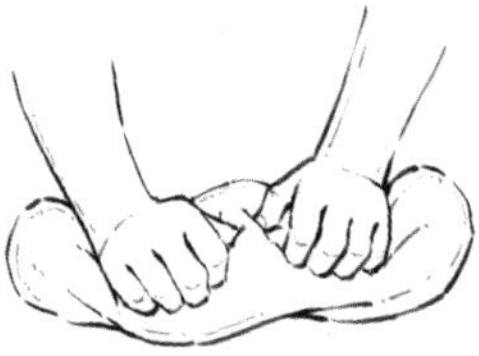

再把它们揪下来，
做成圆饼状；

把馅放到面饼上，包成球
状，汤圆就做好了。

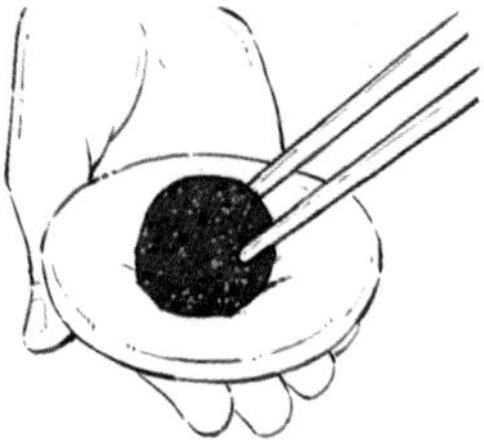

总的来说，做汤圆跟包水
饺的方式差不多。

因为元宵是滚出来的，所以表面会粗糙一些，里面的馅相比之下也会硬一点。也因此，元宵比较适合油炸，而汤圆就只能水煮。

关于元宵节，就讲到这里吧。

三、清明节：

古人过清明，那是相当欢乐

在很久之前，清明节是个愉快的日子。

今天是个好日子，
心想的事儿都能成！

而且你熟知的那些清明习俗：

插柳条

吃青团、扫墓

一开始跟清明节没啥关系！

在聊清明节前，我们必须先了解另外两个节日：

上巳（sì）节 & 寒食节

所以咱们今天要聊的，就是这三位的故事：

上巳节　　　　寒食节　　　　清明节

这三个节日时间相近，
都在农历三月上旬。

正月　　　　二月　　　　三月

我们一个一个来说:

一、上巳节

在古代，**上巳节**绝对是节日中的全能型选手，因为这天能干的事儿实在太多了:

上管妖魔鬼怪，下管男欢女爱，专怼不人不鬼，主治不孕不育。

据说，连汉武帝这么牛的人，年轻时都在当天求过子。

上巳节的主要活动之一是**招魂辟邪**。传说柳条自带驱邪功能，所以成了招魂的重要道具。于是在上巳节这天，人们会编柳条、折柳枝带在身上。

除了招魂，上巳节还有一个很欢乐的活动，就是在巫师的指导下——

洗冷水澡！

这项没羞没臊的活动叫**祓禊（fú xì）**。据说这样能洗掉身上的晦气，以迎接新的一年。

大型群体露天混浴，自然免不了男女勾搭，利用这个"坦诚相见"的机会，帅哥靓妹纷纷牵手成功。

**你是疯儿，我是傻，
滴滴答答到天涯。**

所以上巳节自带相亲大会功能，私奔也没人管。

　　总之，这是一个从根上解决人民群众需求的节日，很快受到官方钦定，走上节生巅峰。

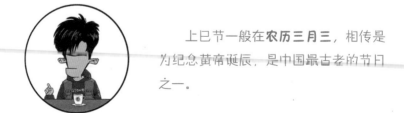

上巳节一般在**农历三月三**，相传是为纪念黄帝诞辰，是中国最古老的节日之一。

二、寒食节

寒食节一听名字就比较衰了，一般在**冬至**后105天，它起源于一个奇葩的传说:

春秋时期，当时还没继位的晋文公**重耳**流亡国外。有一次他饿晕了，跟随他的小伙伴**介子推**直接割了块大腿肉给他吃。

后来晋文公发达了，要报答介子推，可是介子推坚决不接受，还拉着老娘躲进深山死活不出来。

晋文公没办法，只能利用热胀冷缩的原理，想把人从山里逼出来。

结果火候没掌握好，把介子推母子烧没了……

重耳非常后悔，为了纪念介子推，他下令，在一段时间内所有人都不准玩火——

只能吃冷饭！

寒食节就这么诞生了。

介子推的故事教给我们一个道理：老年人要有自己的生活，尽量不要跟孩子住在一起。

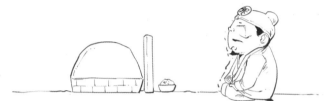

不过，前面的故事只是传说之一，还有一种观点认为，寒食节源于周代禁火制。

刚刚过完了热闹的上巳节，就到了寒食节，人们天天吃冷饭，心情非常沉重。于是人们很容易伤感："那谁谁的坟头草，得有二尺高了吧。"

所以大家干脆就在寒食节期间扫墓上坟，日子久了，这就成了规矩。

像寒食节这种没啥娱乐活动，吃得还特别惨的节日，是很不招人待见的。一直到魏晋，就只有北方人过这个节。

吃了一个月冷盘！
拉死我了！

当时的"反寒"人士很多，其中最有名的就是曹操曹大爷。

到了唐代，大家实在吃不消了，寒食节终于被正式规定：三天就够了！

这三天分别叫**大寒食、官寒食**和**小寒食**。

寒食节的第三天，正好
是一个节气，叫**清明**。

三、清明

清明本来不是节日，它只是个节气，出现在冬至后的108天。不出意外的话，你原本只会在老皇历上看到它。

那它何德何能成了节日呢？
因为它偏偏撞上了寒食节。

由于历法算法的关系，寒食与清明的日期时而这样：

大 | 官 | 小
清明

时而这样：

大 | 官 | 小 | 清明

总之就是纠缠不清。

于是，寒食节干脆就"收养"了清明这天，但后者最初只是一个农事指南，还算不上节日。

又到了母牛交配的季节……

由于紧跟遭罪的寒食节，人们刚吃完几天冷饭，亟须放飞自我，所以在清明这天，大家无比愉悦，纷纷出门踏青郊游。

今天天气好晴朗，处处好风光，好风光……

四、清明的逆袭

但即便有这么高兴的一天，人们还是只庆祝上巳节。寒食节可有可无，至于寒食节里的清明……连买一送一都不算好嘛！

所以他们三位的关系是这样的：

上巳节   寒食节+清明节

这种局面持续了很久，直到一个有钱任性还爱玩的朝代闪亮登场……

唐朝人庆祝节日的方式主要有两种：**开派对**和**放假**。

寒食节只能扫墓，完全没办法接受啊！于是唐朝人干脆把**清明**的踏青郊游变成全程标配。

所以如果你穿越回唐朝，就能在寒食节看到，所有人都是禽兽：他们上一秒还哭成了狗，

下一秒就吃成了猪。

虽然唐朝的三观各种前卫，但这么干还是有点太刺激了，类似全民直播坟头蹦迪。于是官方迅速下令整顿寒食节——

然而并没什么用，大家玩得更欢了。

由于加入大量娱乐活动，**寒食+清明**的组合迅速抢占大众市场，而最后让它们得以逆袭上巳节的关键——

是假期！

一放就是七天的假期！！

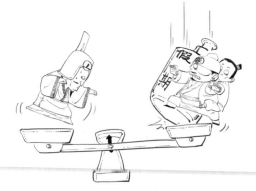

而且是出门不会堵车的七天假期！

面对七天长假，什么上巳节，什么洗澡，什么相亲，毫无吸引力好嘛！

一晃又到了宋代，**寒食+清明**的人气终于超过了**上巳节**！

因为宋朝官方主推**理学**，啥叫理学？简单来说就是存天理！灭人欲！翻译成大白话就是：

这个时期冒出来一堆卫道士，比如朱熹。大型相亲聚会搞不成了，大家就不爱过上巳节了。

放假不给发对象，
不如上班去搬砖！

上巳节就这么没落下来了。

寒食节虽然地位提升，但还是要扫墓、吃冷饭，远不如可以愉快玩耍的**清明**受欢迎，于是清明从寒食节中独立出来，成为一个娱乐性节日。

因为实在太好玩、太娱乐了，清明节终于在宋代完成逆袭，成为最受欢迎的节日。

到了明清时代，上巳节与寒食节基本消失，但总得找个日子祭奠逝者吧。

于是清明节吸收了寒食节的**扫墓**，又顺带吸收了上巳节的**插柳**，加上自身的**踏青春游**——

这样就形成了现在我们熟悉的**清明节**。

　　好了，清明节的故事差不多就这样了。说了这么多，它带给我们的启示是——

老师的话，也不能全信。

　　不信的话，你接着往下看!

清明时节雨纷纷，
路上行人欲断魂。
借问酒家何处有?
牧童遥指杏花村。

大家不要看到**酒家**二字，就觉得杜牧是去借酒浇愁的，他愁个锤子！

刚刚过完两天的寒食节，**他是去点菜的。**

但如今过清明节，大家还是少欢乐为好，免得长辈揍你。

小朋友，你这牛能给我吃一口吗？

我能给你一拳，信不？

杜牧

四、端午节：

屈原他自己都过端午节

提到端午节，我们都会想起一个历史人物：

他是楚国的骨干成员，一个劲儿地给楚王提建议、表忠心。无奈有人对楚王说屈原的坏话，楚王就故意不搭理他。

结果，楚国被秦国捣了老窝，屈原很伤心，便在**五月初五**这天，抱着块石头投江了。

我是石头，我象征高洁品格。

老百姓听说后，都很伤心，就约着在这一天，跑到江边去凭吊屈原。

为了保护他的尸首，有的扔饭团喂鱼，有的倒雄黄酒想灌醉水兽。

哎哟，有外卖！

哪个孙子倒的……

后来，这一天就成为**端午节，**专门用来纪念屈原。

你们上学那会儿，

是不是都这么学的？

然而，**端午节并不是因为屈原才有的！**

早在屈原之前，就已经有端午节了。

现在，混子哥就为大家揭开这个隐藏多年的真相——

你不知道的端午节！

端午的起源，跟屈原没关系，它的诞生，跟一个节气有关。

第一阶段：夏至

先秦那会儿，老百姓的娱乐活动很单调，于是他们就经常一边种地，一边往天上瞅。

咋不掉下个林妹妹？

瞅着瞅着，他们发现规律了：在咱们中华大地上，每年总有那么一天，白天最长，夜晚最短。

再加上当时正好是夏天，他们就给这一天起了个名字：**夏至**。

那时候的人特别讲究阴阳学说，白天为阳，夜晚为阴。而夏至是白天最长的一天，堪称"阳顶天"。

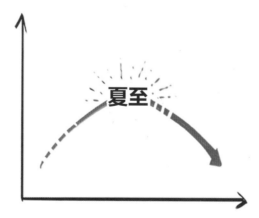

所以人们就觉得，得在这天搞点仪式，万一能去凶化吉呢？

而且这时候，粮食也都种下去了，得跟祖先打声招呼，祈求一个丰收年。

于是，人们决定在夏至这天，搞点祭祀活动。

祭祀需要供品，只用猪牛羊又太没创意，所以他们开了个脑洞：用竹叶包上米，做成牛角的样子。

米用的是黍（shǔ），属阳。

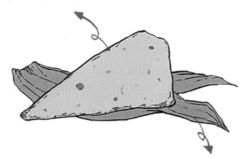

竹叶用的是箬（ruò）叶，属阴。

两者结合，代表阴阳调和、驱邪辟毒。

最后，还给供品起了个名字：**角黍**。

是不是发现了什么？

没错，角黍就是粽子的1.0版，人们最早是在夏至那天吃的。

第二阶段：端午节

夏至那天，是农历的五月。这时候的天气，有个很重要的特点——

热！

段誉　　　木婉清

而且先秦那会儿的气温，比现在还要高，中原地区都快赶上热带了，没准还能遇见热带动物。

别走了，前面没有停象场。

天气又潮湿又炎热，这么一来，细菌滋长，五毒丛生。

啥是五毒？

五毒就是蛇、蝎子、蜈蚣、蟾蜍和壁虎。

总之，这个时间段，人特别容易染病，对于医疗水平很有限的古人来说，简直是死亡的一季。

所以在古代，**五月**被视为毒月、恶月，大家都觉得不吉利。

而**五月初五**，就是恶月中的恶日，人称——

所以，人们认为这一天贼不好，在这一天出生的娃，都要面临生存的挑战。

战国时的孟尝君，就是这一天出生的。他一生出来，老爹就下令：把他干掉！

最后还是他老妈把他偷偷养了下来。

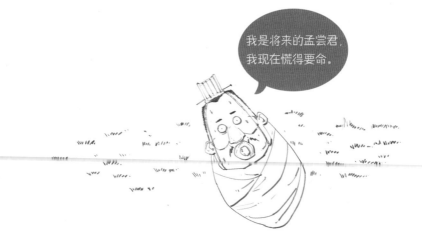

东晋有个叫王镇恶的将军，也是在这天出生，起名镇恶，就是为了辟邪。

大师父，你也是五月初五生的吧？

……

郭靖　　　　柯镇恶

讨厌归讨厌，日子还是得过。于是群众的智慧，又一次体现出来。

在五月初五这天，为了防虫防病，各种办法都用上了：

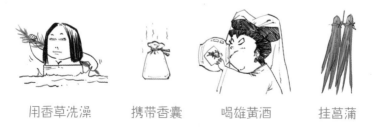

用香草洗澡　　携带香囊　　喝雄黄酒　　挂菖蒲

这些东西都有一个共同特点：味儿重，可以让毒虫近不了身，减少疾病发生。

后来，这些习俗就流传了下来，人们还给五月初五这一天，起了个专门的名字——

端午

"端"是初始的意思，"午"是五的通假字，所以"端午"就是"初五"。

而且，这一天大家都很辛苦，得吃点好的。吃点啥呢？因为离夏至比较近，干脆就吃角黍吧！

　　于是，角黍就变成了端午的美食，夏至就渐渐不吃了。

　　后来，黍米变成了糯米，角黍也改名成了粽子。

　　　　　　还有一种说法：端午以前就是夏至那天，后来才分开的。

　　不管怎么说，**端午很早就有了**，起初也不是为了纪念谁——

完全是为了求生啊！

龙舟这事儿，其实跟端午没半毛钱关系。

大家都知道，龙是古代中国人崇拜的对象，而有一个地方的粉丝特别疯狂。这个地方就是**吴越地区**，也就是今天的包邮区。

吴越地区的人有多疯狂呢？他们不仅给自己文身，假装是龙纹，还把头发搞成非主流，假装是龙须。

又因为那边水多，他们就按照龙的形状，造了船，定期举行比赛，用来祭祀。

这就是**赛龙舟**。

那龙舟咋跟端午节扯上关系的呢?

比较主流的观点认为,

龙舟和**伍子胥**有关。

伍子胥是春秋时期的吴国智囊,帮老吴王出谋划策,干了不少大事。

而新上台的小吴王,不但不听他的,还逼死了他,在**五月初五**这天,把他的尸体扔进了钱塘江。

传说伍子胥后来变成了江中的**波神**。爱戴他的老百姓，就在每年的五月初五，划着龙舟纪念他，同时祈求平安。

时间一久，赛龙舟就跟其他习俗一样，加入了——

而且，除了伍子胥和屈原，还有很多人的故事都跟端午这天有关，比如：介子推、越王勾践、曹娥等。

大家后来一合计，既然这么巧，那就一起纪念吧！就这样，端午节逐渐演变成一个**纪念日**。

所以，你会惊讶地发现——

蹭节日热点这事，
咱们老祖宗两千多年前就做过了。

但是，为什么现在一提到端午节，大家只想到屈原呢？

主要还是因为，屈原不仅文章写得好，还很爱国，这很值得后人学习，所以他就成了主推人物。

端午节是咱们重要的传统节日，在2009年，还被联合国列为**非物质文化遗产**，是中国**第一个**入选世界非遗的节日。

而且，很多风俗在历史上就已经走出了国门，比如赛龙舟很早就成为很多国家的人民喜闻乐见的运动。

所以，甜粽子和咸粽子你选哪一个？

五、七夕节：

除了谈恋爱，你还应该知道啥？

七夕节这天，有很多人求交往，天地间爱意弥漫，因为牛郎织女的狗血爱情故事流传了这么多年，实在深入人心。

但说出来你可能不信，最初的七夕压根就跟爱情没关系。

让我们来看看，七夕是怎么一步步和恋爱挂上钩的。

一、古人观星术

很久很久以前，没有钟表，没有万年历，大家怎么判断**季节**呢？

可能是由于一次偶然的机会，古人发现了一个大秘密。

第二年，隔壁的老王也来了……

我们的某个祖先眉头一皱，发现事情并不简单：**为啥菊花一开放，这颗星星就会出现呢？**

这一思考就发现：原来，星星是很守时的，踩点特别准。

既然如此，那看星星就知道季节了呀。于是**星际探索**之旅开始了。

古代中国的天文理论多种多样，有一种很厉害：

天是一个巨大的球形房子，叫做**天球**。里头住着所有的日月星辰。地球是房子的中心，大家都绕着他转。

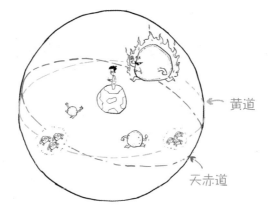

跟地球一样，天球也有自己的赤道，叫**天赤道**。

天球里那些三五成群、闪闪发光的，就是星星。在古人看来，星星之间的位置恒久不变，所以叫**恒星**。

于是古人就以恒星为参照，来观察日月的行动路线。

比如黄黄的太阳的年度行动路线，就叫**黄道**。

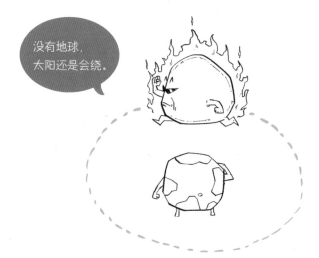

没有地球，
太阳还是会绕。

西方人就依据太阳和星座的位置，
发明了**黄道十二宫**。

而在我们中国，古人就将**黄道**和**天赤道**附近的星空，分成二十八个地盘，作为日月星辰的"宿舍"，就叫**二十八星宿**（xiù）。

古人又将二十八个宿舍分成四个片区。根据每个片区星星组成的图案，脑补出一个动物，这就是**四象**：

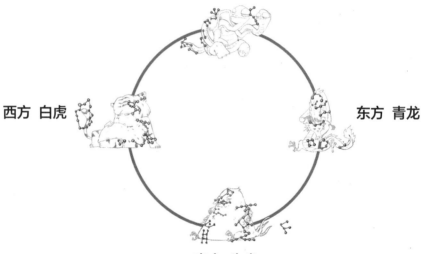

非实际图示，仅供娱乐。

东方七宿：像条巨龙，也被称为"东宫苍龙"；
南方七宿：像一只展翅朱雀，所以也被称为
　　　　　"南宫朱雀"；
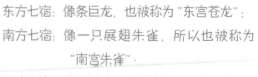
西方七宿：像头猛虎，也被称为"西宫白虎"；
北方七宿：像蛇与龟的合体，于是被称为"北宫玄武"。

二、织女星在哪儿?

在北边的保安是个龟蛇合体的神兽,在它镇守的地盘上,有个宿舍叫**牛宿**,里面住着好多星星。

其中有四颗像个天文台,于是就被命名为**渐台**,渐台旁还有三个星女郎。

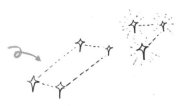

后来人们又把这几颗星星组合起来,开了个脑洞,发现它们像个织女在织布。

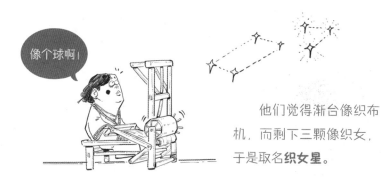

像个球啊!

他们觉得渐台像织布机,而剩下三颗像织女,于是取名**织女星**。

为了区别彼此，星女郎们还有代号：**织女一、织女二和织女三**。

咱常说的织女星
是指**织女一**。

织女一是三姐妹里最亮的亮妹，在古代存在感爆炸。于是她承担了一颗年轻恒星不该承担的重任——

比如当织女星在某个黄昏出现在正东边时，就代表咱北半球快入秋了。

天要凉了，来条秋裤？

咱祖先就用这类天象给月份排序，而入秋的那月正巧是七月。

三、牛郎星在哪儿?

咱们再回到刚才说的，龟蛇合体片区里的**牛宿：**

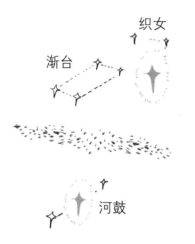

上面是渐台和织女。

中间有许多小星星，就是**银河。**

下面还有个星星组合，叫**河鼓。**其中也有颗特别闪亮的星。

然后大家就把这两颗被银河隔开又显得特别亮的星星，和当时的社会分工联系在了一起：

没错，另一颗星星就是——

牵牛星！

所以现在知道了吧，人家的老本行是职业之神！二者各司其职，半点情愫都没有！

后来人们的生活富裕了，越来越喜欢谈恋爱。再加上两颗巨星微妙的天文位置，事情就变味了。

于是就有人天天给这两颗星星传绯闻，还越传越像那么回事。

经过有理有据的八卦推理，一个来自星星的爱情悲剧开始扩散。于是这两颗巨星就由职业的代言人转型成**苦情剧男女主角**。

男主角原型叫牛郎，那牵牛星自然也成了**牛郎星**。

四、七夕节哪里来的？

由于织女是女红之神，自然也成了古代女性的偶像。姑娘们为了能像织女那样心灵手巧，就在七月某天比赛针线活。

快把紫薇端上来！

这一天就是七月七，又由于是在晚上过节，就将这个节日叫作**七夕**。

而这种祈祷心灵手巧的活动就叫**乞巧**，所以七夕又叫**乞巧节**。

掷花针

穿七孔针

晒棉衣

雕瓜果

发现没，所有的这些活动都是为姑娘们设的，所以七夕又叫**女儿节**。

七夕看着和爱情半毛钱关系都没有，咋就一眨眼成了情人节呢？

虽然七夕节的风俗和爱情无关，却是以爱情故事打底的！

无论什么年代，都有人谈恋爱。比如**壮族**朋友就把七夕当情人节过，那天姑娘们会在一起祈求好姻缘。

一愿找到好郎君！
二愿找到好郎君！

随着西方情人节的侵袭，有关部门为了保护传统文化，就提议把七夕当成中国情人节。

又过了几年，七夕节被列入**非物质文化遗产**。

春节　清明节　端午节　　七夕节　　中秋节　重阳节

非遗节日家族

再加上媒体、商家等社会各界的推动，如今的七夕节已经是名正言顺的情人节了。

这个故事告诉我们，就算没有爱情，也能照样过七夕节！

是能照样过，但你是难过的过。

六、中元节：

鬼节这天能不能上街？

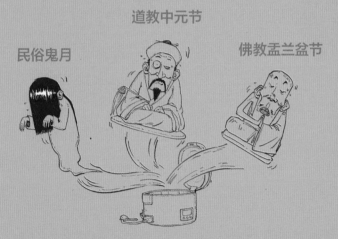

民俗鬼月　　道教中元节　　佛教盂兰盆节

传说中元节这一天，月黑风高，忌出门逛街、网友见面，不然你都不知道见的是什么鬼……

有没有想过，本来好好的一个传统节日，咋过着过着，就像老外玩cosplay的万圣节了呢？

文化碰撞是好事儿，但你至少得知道——

中元节是怎么来的?

　　首先有个概念要理清，普通节日都是经过时间打磨，慢慢演变成今天这个样子的，但中元节却是个**拼凑**起来的节日!

一、鬼是怎么来的?

"鬼"这个词,出场自带封建迷信色彩,但如果我们把它当成一种文化来理解——

其实它的产生有**很多科学内涵**。

话说人有生老病死,但很久很久以前,义务教育没普及,人们没啥文化,没法解释各种奇葩的现象。

既然脑子不够用，大家就洗洗睡吧，反正睡着睡着就会做梦，梦到山川江河，梦到万家灯火。

嘿嘿嘿……

醒来之后，由于梦境太真实了，人们就认为是自己的精神离开了肉体，去游历万乡，所以人应该分成两部分：

精神   肉体

这就是**魂魄**思想，魂是精神，魄是肉体、体魄，两个拼起来才是一个大活人。

客观地说，之所以有这些奇葩说法，都是因为古人解释不了梦是咋回事。

有时候人们做梦，还会梦见死去的亲人像活着一样，来托付点儿事，俗称托梦。

崽啊，我床底下还有条老腊肉……

于是古人们就觉得，人死了，肉体消失，但代表精神的灵魂，还存在于天地间——

这种看不见摸不着的灵魂，就是最初**鬼**的概念。

照这么说，鬼就是老祖先啊，那祖先在阴间过得咋样？能顺手保佑一下后代子孙不？

古人们继续开脑洞，怎么能联系到祖先的鬼魂，表达一下思念呢？

祭祀啊！

这就是人类文明里很重要的**祖先崇拜**，后来陆续还产生了烧纸、扫墓之类的仪式，为的是祈求祖先保佑。

问题来了，啥时候祭祀比较好呢？

基本上，只要你有心，全年都可以，比如初一、十五、忌日、祭祖节日……

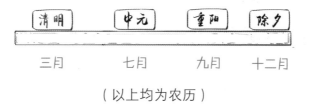

清明	中元	重阳	除夕
三月	七月	九月	十二月

（以上均为农历）

就像陷入爱河的情侣，只要心中有爱，天天都是情人节一样。

只要心中有鬼，天天都过中元节！

那中元节为啥在七月呢？

这跟古代阴阳学说有关系，混子哥先从**阴阳学说角度**讲。

古代人仰望宇宙，观察万物，吃饱了之后，总结出一个思想：

物质都是由阴阳组成的！

人有温度，有热乎气儿，这叫**阳气**；

鬼冷冰冰的，很压抑，这叫**阴气**。

古人们根据这个理论，推算出一年里鬼的活跃时间（农历）：

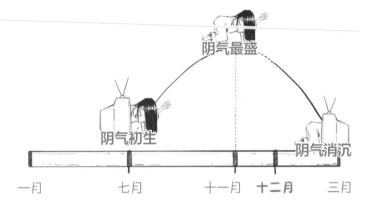

发现没，中国人的祭祖节日基本都在这个时间段，七月和三月对应的就是两大鬼节——**中元节和清明节。**

说出来你可能不信，这两个鬼节是首尾呼应的关系。

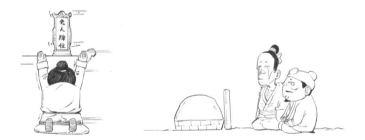

七月阴气刚冒出来，要接祖先鬼魂回家，所以要在家里祭祀。

三月阴气下降，祖先鬼魂回墓地，所以要扫墓。

看完你如果觉得很玄乎，先别急着吐槽，咱再从科学的角度讲。

咱们知道空气有两种型号：

春夏时节，空气较热，
这叫**热空气**；

秋冬阶段，空气挺冷，
这叫**冷空气**。

一年里面，冷空气也有自己的活跃周期：

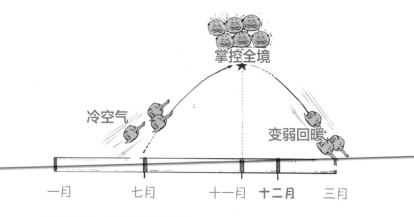

掌控全境

冷空气

变弱回暖

一月　　七月　　十一月　**十二月**　三月

是不是有一种莫名的巧合？

古人们很难解释一些自然现象，但又不能活得不明不白，于是通过开脑洞，就有了很多迷信说法。

顺带说一句，农历七月是庄稼成熟的时候，人们吃饱喝足，自然不能忘了祖先，在这个时间点祭祀祖先最合适了。

现已加入祭祖套餐，免费续悲！

今晚别出去浪，在家多陪父母，我曰的！

再加上儒家思想成了中华文化中的爆款，里面的**孝道思想**也就被加到民俗里了。

总的来说，祖先崇拜、祭祀鬼魂、孝顺父母，这些市场痛点让七月特立独行起来，成了民俗里重要的——

鬼月

明白了吧，鬼在古人眼里那可是集可爱与智慧于一身的存在，还能帮助人实现心愿、保佑平安，所以那会儿搞活动可不是为了装鬼吓人——

人家是来许愿的！

二、佛教盂兰盆节加持

佛教对中元节贡献也很大，故事是这样的：

佛教诞生在印度，
印度夏天是**雨季，**一下
就差不多三个月。

也就是从四月十五到七月十五。在这三个月里，出门
吧，不方便，家里待着吧，也没Wi-Fi。

佛陀（也就是释迦牟尼）就发了条群公告：大家也别闲
着，找个地儿闭关深造吧！

这就是佛教徒著名的暑假补习班——**夏安居**，大家聚在一起修
行参悟。

印度人的修行一般是常年在外面徒步旅行，但雨季昆虫多，容易踩到昆虫。据说佛陀怕大家出门误伤生命，就有了这个规章制度。

修行到啥时候呢？

就是七月十五这天。这时候雨季过了，天气不那么燥热了，大家出关开个研讨会，交流修行的心得，然后交五千字感想给导师。

有些人修成正果，考研成功，成佛了，佛祖就很开心，所以这天也叫佛欢喜日。

这个研讨会就是后来的盂兰盆节，为啥叫这名呢？

盂兰是梵文音译过来的，意思就是人被倒挂起来，代表受苦。

盆就是盛食物的容器，用来供奉。

翻译成大白话，意思大概是这样：**请客吃饭能消灾解难哦！**

知道你可能不信，这事还跟一个佛教传说有关。

佛祖收了十个学员，其中神通最大的叫**目连**，目连很孝顺，成了尊者之后用法力去看死去的母亲咋样了。

结果由于目连的母亲生前是个吃货，很贪婪，死后就成了饿鬼，食物到嘴边就会变成火。

哎呀，烫！

目连看到母亲受苦，很伤心，于是去求佛祖帮忙。佛祖就说了："你一个人不行，得找大家帮忙。这么着吧，开研讨会那天，你请大家吃个饭，这是功德，然后大家念经帮你母亲解脱。"

点个外卖先！

于是七月十五这天，目连就用盆装了很多食物供养僧众，最后大家齐心协力超度了目连母亲的鬼魂。

后来佛祖觉得这事不错，就普及开来，这一天就变成超度亡魂、供佛斋僧的节日——

盂兰盆节

传说归传说，但闭关九十天没吃啥正经饭，毕业聚餐总要有个说法吧……

所以这个故事告诉我们，一次成功的团建活动——

必须要有一个鲜明的主题！

后来到了南北朝时期，梁武帝把佛教定为国教。于是，老百姓也跟着过起了盂兰盆节。

俗话说："外来的和尚好念经。"但本土的道士也不想闲着啊！

三、道教中元节加入

古代人觉得，人类生存需要三要素：

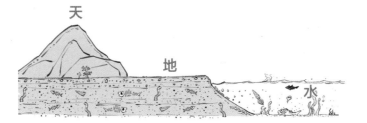

但天要下雨，地会地震，水有水灾，这些自然现象当时谁都解释不了，它们到底是咋回事呢？

教你月薪五斗米秘诀！

东汉有个大V叫**张道陵**，创了个**五斗米道**，后来发展成道教。

他就说了，天、地、水呢，就好比三个部门，由三位部门经理分别管理它们。没错！他们就是我们的老熟人——三元boys！

天官（上元）　　地官（中元）　　水官（下元）

古人对自然力量感到害怕，但也有利用自然来生存的需要。这也就产生了神仙，用来满足古人的崇拜心理。

问题来了，凡人要想跟神仙联系，怎么拜？啥时候拜？

很简单，三官生日的那天，他们会下凡开粉丝见面会。可到底是啥时候呢？

前面讲元宵节的时候，我们已经知道了天官的生日是正月十五，上元节。

上元 | 中元 | 下元

正月十五，元宵节
天官来赐福

七月十五
地官来赦罪

十月十五
水官来救灾

元是农历十五的意思，这就是传说中的道教**三元节**。

还记不住？那试着切换成双语模式，

Sky   eartH   watEr

扯半天就是一组合啊！

以上纯属开个玩笑，但从中我们能知道，道教出现了中元的说法：

传说到了这一天，地官会开鬼门关，让阴间的鬼魂到人间找吃的。

是不是跟鬼月的概念很像？道教这种说法还产生了一些民俗：

路边烧纸，
给鬼魂引路。

放河灯，
给鬼魂照明。

这些民俗起到了安慰和引导孤魂野鬼的作用，让他们踏踏实实回老家，不要在人间闯祸。

想过没有，为啥非得在这个时间段，搞这些活动呢？

用混子哥刚教的方法，大胆推测一下吧！

农历七月十五，刚立秋，但白天还是贼热，晚上会凉快一点，尤其是路边、河边这些地方。

人们出门搞活动，既能祭祀鬼，又能避暑乘凉，你想到了啥？

暑假出门浪，不得找个理由啊！

日期上这么巧合，内容也差不多，渐渐地，盂兰盆节就和中元节合体了。

与此同时，道教也贡献了名字和一些民俗，中元节进一步变得完整了。

到了这一步，一个成熟完整的**中元节**就诞生了！后面经历辉煌、衰落，再到今天，虽然地位不如那些有假期傍身的节日，但它的影响力依然还在。

时至今日，家长还是会提醒你，中元节晚上别出门！

混子哥坚信鬼是不存在的，但最后也要啰嗦一句：中元节少出门，多陪陪父母。如果非不听劝，你会惊奇地发现晚上的街头——

跟平时也没啥两样！

七、中秋节：

你中秋赏月赏了个啥？

一到中秋，大家通常都吃着美味的月饼，一起赏着皎洁的月亮……

在这浓情蜜意的氛围里，混子哥又适时地出现了！

大家坐好扶稳，这次来给大家讲讲正确的赏月姿势（知识）。

首先，中秋节是咋来的呢？

一、都是月亮惹的祸

话说，咱们老祖宗都是靠天吃饭，于是他们对天上的东西都特别尊敬。一到春天就拜太阳，到了秋天就拜月亮。

拜月当然得挑月亮又大又圆的时候，也就是**八月十五**；此外，秋天又是丰收的节日，有吃有喝还有大月亮，人们的小日子别提多美了。

于是这个拜月仪式就渐渐有了节日的味道，可人们想要过节，还得找个有深度的理由才能让这个节日有说服力！

大伙抬头一瞅，有了！

根据月亮上的图案展开想象，再加上一些经典民间小八卦，大家搜肠刮肚，拼凑出了许多和月亮有关的故事。

其中最爆款的故事是这样的：

从前，有一对夫妻——后羿和嫦娥，
他们俩得到了一包长生不老药。

不曾想，他们俩还没来得及吃长生不老药，这个消息就被一个坏人知道了。于是坏人就趁后羿不在家，跑去抢灵药。

危机时刻，嫦娥小姐姐一不做二不休，直接吃了那包药。

然后就到了见证奇迹的时刻——

后羿回到家，发现老婆不见了，简直是悲伤逆流成河。可他也没什么办法，只能天天对着月亮茶饭不思，外加用歌声思念嫦娥。

这就是嫦娥奔月的故事，够不够感人？够不够有说服力？简直太够了！于是到了唐代，这拜月仪式就正式升级成了**中秋节**。

而嫦娥奔月的故事也寄托着"阖家团圆"的内涵，于是人们献给月亮的贡品，也进化成了一个象征着团圆的圆饼，叫**月饼**。

小知识：据说在清朝，因为"饼"与"病"同音，所以人们为了避讳，就把月饼叫作月华。

其实，咱们中国人过中秋节除了吃吃喝喝，很多地方还有自己特有的小节目，比如——

1. 斗歌

2. 花样点灯

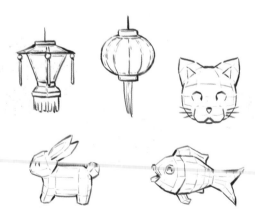

3. 唱戏

在中秋节的故事里，月亮似乎很浪漫美好，可大伙抬头望望天，啧啧啧，其实月亮本身的颜值也不怎么样嘛！

接下来咱们就来毁毁三观，一起见识一下真实的月亮到底长啥样。

二、月亮打哪儿来的?

这个问题嘛, 我国的 "姿势分子" 早就开始讨论了……

月亮到底从哪儿来的呢？

鬼知道，月亮都45亿岁了……但坊间流传着关于它的各种各样的传说……

传说一：抓来的

话说很久以前，地球也是一单身狗，成天围着太阳绕圈圈，寂寞极了。

无聊是多么寂寞··

直到有一天，他遇到了真心人……

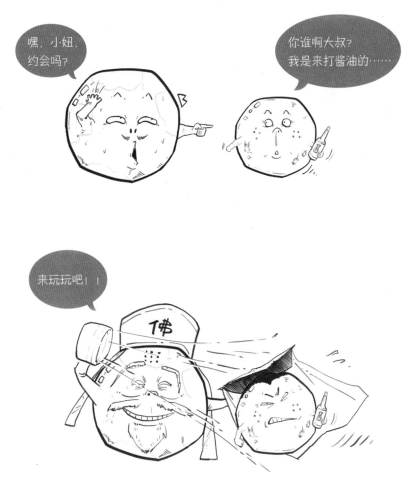

于是地球"霸王硬上弓"，通过引力，硬生生地把月亮拉到了自个儿身边。

传说二：生出来的

地球没事很喜欢自个儿转圈玩……

转着转着，就甩出了一坨……

月亮

不过这两种传说都过时了，纯属非主流观点，要想掌握正确的吹牛姿势，还是得听听主流的声音。

传说三：来碰瓷的

话说有一天地球正晒着太阳享受人生，结果猛地冲过来一个不明球体——

哎，碰瓷儿啊！

结果地球被撞了个稀巴烂。它的碎片进入地球轨道，慢慢又融合成了今天的月亮。

于是月亮就这么讹上地球了……

所以童话里都是骗人的，都是月亮惹的祸。

三、月亮素颜啥样?

大家看到的月亮又大又圆，感觉老好吃了。

但是你被骗了，我们平常看到的月亮，**是美颜过的!**

月亮的真实身材其实是这样的：

两头扁，中间鼓，

南极凹，北极凸。

简直就是不可描述的形状……

月亮长得非主流，还不注意保养，也不涂个大气层保护保护，以至于经常被路过的陨石欺负。

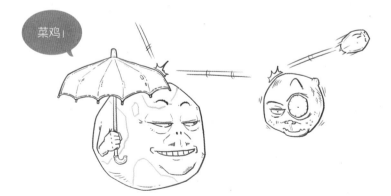

所以月亮满脸都是麻子。

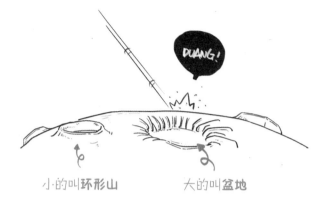

小的叫**环形山**　　　　大的叫**盆地**

除了麻子，月亮脸
上还有超级多黑斑。这
些玩意儿叫**月海**。

古代人没有望远镜，以为月亮上的
黑色区域是嫦娥的澡堂子，所以就给它
们起名月海。

别被名字骗了——

鱼香肉丝里没有鱼，雷峰塔里没有雷锋，**月海里也没有水。**

月亮在青春期很上火，经常爆痘，一激动就火山爆发。

岩浆喷了一地，变成玄武岩，铁元素超标又让它们变得又黑又硬，就形成了月亮表面的黑斑。

所以，月亮都长成这样了，你还赏啥啊！！

四、月亮的变化

月亮的变化，也就是我们所说的**月相**。

满月　　　　　　弦月　　　　　　新月

月相的道理很简单，月亮绕着地球不停转悠，咱们站地球上就能看到月亮的阴晴圆缺。

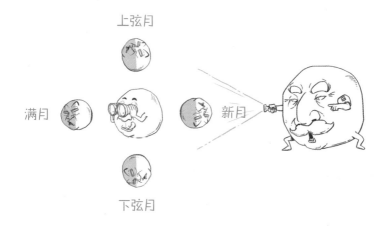

温馨提示：

月相跟地球没半毛钱关系，跟地球
有关系的那叫**月食**。

不过别看月亮这么善变，你在任何时候都只能看到它的一
面，为啥？

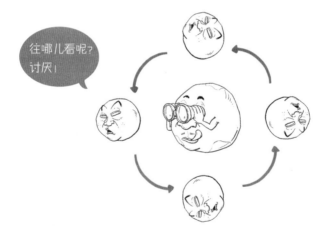

往哪儿看呢？
讨厌！

因为月亮在绕地球公转的同时也在自转，**自转一圈所花的
时间与公转相同**。

月亮不光爱变脸，身材也会变，有时候一瞅，胖了！

咱们看到的胖月亮，就是传说中的**超级月亮!**

强调一遍，这不是基因变异，而是由于月亮和地球的位置变化造成的。

话说，月亮绕地球公转的轨道是个不规则椭圆。

月亮有时候离地球近，有时候离地球远。

当月亮溜达到离地球最近的点，又正好满月时，就出现了
超级月亮。

五、月亮的影响

不少人担心超级月亮会引发火山、地震啥的，其实想多了……

这玩意儿没啥神秘的，要说影响，顶多让咱地球变得更"浪"。

也就是咱们所说的**潮汐**。

潮汐就是地球上的涨潮，俗称浪。早上"浪"一次叫**潮**，晚上"浪"一次叫**汐**。

这些"浪"是咋来的？话说月亮也有引力，一边绕着地球转，一边吸着地球上的水跑。

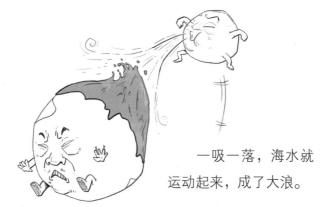

一吸一落，海水就运动起来，成了大浪。

超级月亮因为离地球近，所以引力也最大，那个时候潮汐也会更"浪"一点。

当然，除了潮汐，**月亮还是地球的镇静剂！**

话说地球绕着一根轴转，要是没人扶就容易左摇右晃。

就像这样：

月亮用引力稳住地球，地球心情好了，才有了稳定的环境，生物才得以进化和演变。

这就是今天的月亮小知识。

虽然月亮素颜挺丑，但是能跟家人一块儿欣赏，管他呢！

懂这些，你就是赏月人群中最靓的仔。

八、重阳节：

除了菊花，你还应该知道啥？

一说到重阳节，大家总会有些懵圈，因为它的定位很混乱，而且有很多小名：

所以，今天我们就来扒一扒：

重阳节到底是个什么节？

一、重阳节咋来的?

在古代,人们没啥娱乐活动,但有个很高雅的爱好——

仰望星空

看着看着,人们就发现一颗神奇的星,根据它在天上的位置,可以区分一年四季。

该踏青了　　该吃雪糕了　　该穿秋裤了　　该抢票了

人们管这颗星叫**大火星**。啥时候种地、啥时候收割，就靠它报信，而《诗经》里的**七月流火**指的就是它。

当冬天快到的时候，大火星就看不见了，于是人们慌了：

万一它不回来了怎么办？

大……大火没了，寒冬来了！

于是每年的那段时间，人们就会举行祭火仪式，让火神吃饱喝足，明年再来。

可过了很多年，人们发现这颗星冬去春来，很准时，便不再在它身上浪费感情。

但是每年收获这么多好东西，总得感谢天感谢地，感谢阳光照射着大地。于是，便开始祭祀天帝和祖先。

这段时间差不多就是现在的农历九月。

时间一晃，又过去了很多年，人们觉得光祭祀太严肃，就决定每年**九月初九，**专门出来放松放松。

这一天也被叫作**重阳。**

那为啥要叫重阳呢？

话说古人特别信奉一本八卦作品——《周易》，书中认为：奇数为**阳，**偶数为**阴。**

九是奇数，就代表阳，九月初九，两阳重合在一起，所以就叫**重阳**。

另外，因为九是个位数中最大的奇数，代表极阳，这一天阳气最盛，之后就由盛转衰。

所以九月初九，又是一个——

阳顶天！

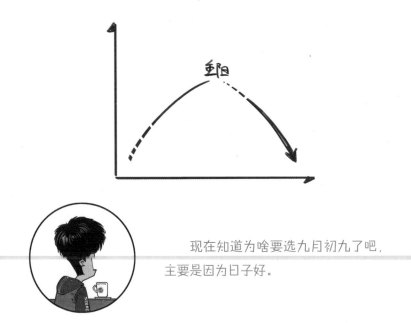

现在知道为啥要选九月初九了吧，主要是因为日子好。

既然这一天很特别，很多人就专挑这日子搞事情，所以除了祭祖之外，各地又出现了不同的习俗：

登高远眺　　　　　　晒粮食　　　　　　回娘家

二、重阳都干啥？

活动一：修仙

话说汉朝有个叫董仲舒的，发了条微博：**物不可极，极则反。**

过完重阳就水逆。

意思就是说：事物发展到极端就会向反方向发展。

加上秋冬交际，气温突然下降。人们很容易感染风寒，所以大家都开始害怕过重阳。

到了后来，有个找到了破解之法的组织，这就是**道教**。

这是个成仙的好机会！

在道教看来，这一天清气上升，浊气下降。越高的地方，清气质量越高。要想摆脱水逆，得呼吸新鲜空气，那该咋办呢？

登高!

除了登高，还要**喝菊花酒、插茱萸**，借此消灾避难长寿。

吃瓜群众纷纷照做，从此，登高、饮菊花酒、插茱萸的习俗就流传下来。

我们上学学的一首诗，就提到过这些习俗：

独在异乡为异客，
每逢佳节倍思亲。
遥知兄弟登高处，
遍插茱萸少一人。

活动二：晒粮食

在另一些地方，九月初，庄稼都收割完了，农户闲得没事干，就准备在重阳节找点事干干。

大家在登高的时候，发现山里的野果、药材刚好成熟，于是登高辟邪就变成了免费采摘，收获满满。

同时，很多住在山区的人，因为地面不平，就在房顶支上长竿，放上竹匾晒庄稼。

所以重阳对于有些人来说，就是代表丰收的**晒秋节**。

三、今天的重阳节

经过几千年的传承，今天的重阳节，依然是个重要节日，并被列为**国家级非物质文化遗产**。

春节　　清明节　端午节　　七夕节　　　中秋节　重阳节

虽然已经很少有人登高、插茱萸，但重阳节也有了新的意义——**老年节**。

"九"有**健康长久**的意思，选择九月初九作为老人节，也是对老人的祝愿。

好了，重阳节就聊到这里，看完记得给爸妈打个电话哦！

九、腊八节：

别光顾着喝粥，得知道为啥喝！

腊八节的时候，大家免不了都得吃一锅热气腾腾的腊八粥。

> 腊八为什么喝粥？
> 你撩妹成本挺低啊。

所以如果没文化，就算去吃腊八粥，别人那是在过节，你就是**抠**！

为了避免出现这种尴尬，我们就来聊一聊腊八节。

一、NOBODY 时代

说到腊八，咱们必须先说另一个节日——**腊日节**。这是一个超厉害的节日，有多厉害呢？

在很久以前，整个节日圈就它一个！

传说神农氏工作时，要祭祀天地，所以就有了腊日节，先秦时期，这是唯一的令节。

腊日节生于年终，自然承包起了**祭祀天地、辞旧迎新**的业务。

这就是**腊祭**，根据祭祀的对象和祭品又分为：

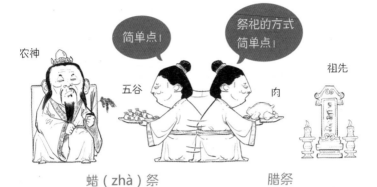

农神

简单点！

祭祀的方式
简单点！

五谷

肉

祖先

蜡（zhà）祭

腊祭

祭祀的内容很多，腊日节忙成了狗，正赶上其中有个叫**灶王爷**的神仙，越来越受人们景仰，有人心思就活络了。

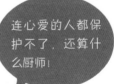

连心爱的人都保护不了，还算什么厨师！

于是腊日节就收了个小弟叫**祭灶**，专门搞祭灶活动。

祭完祀，还得辟邪，古人认为桃树能镇压妖怪，于是有人跑来献宝了。

这就是另一个小弟，叫**除夕**。

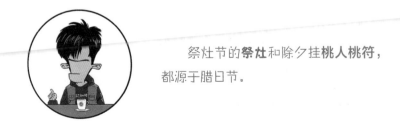

祭灶节的**祭灶**和除夕挂**桃人桃符**，都源于腊日节。

从此两个小弟跟着腊日节大哥，再加上最年轻的小弟**腊八**，被称为**保年一族**。

哥几个有个共同的特点——都在腊月。

现在我们重点来说说这个小弟弟**腊八**

说腊八，为啥非要带上佛印呢？因为腊八就是个佛教节日啊！

二、佛系登场

东汉时期，佛教从印度传入中国，立志要在这里创下伟大的事业。

凭着好脾气的人设，很快就积累了大波粉丝。

可随着事业越做越大，佛教总觉得还差点什么。

对了！没有节日！没有专属节日的宗教——

就在这个时候，佛教看上了一个叫**腊月初八**的小朋友，然后找到他，想合伙来搞点事。

二人勾搭完毕，**腊月初八**就去找腊日节：

佛教在南北朝时期得到大发展，并宣称佛陀成道是在腊月八日。

一不留神就碰上了大V！**腊日节**赶紧跟**腊月初八**拜了把子。

好兄弟！

腊月初八正式成为腊八节！

为啥腊日这么热情呢？原来这个时候，他另外两个小弟——**除夕**和**祭灶**的粉丝越来越多，他们居然想单飞！

单飞！

新闻发布会

Freedom！！

成功入伙后，腊八毕竟是新人，处处小心，只让佛教信徒们洗洗澡，消消业障，也成功吸引来了一波粉丝。

尽管小弟们事业都搞得不错，可**腊日节**毕竟根基稳固，所以兄弟几个里面，还是他最热闹。

"保年一族"年度影响力分布图：

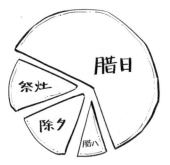

就这样，大家和睦共处。

当时间来到唐朝，腊八的时代到来了！

三、腊月合伙人

到了唐朝，佛教发展得如火如荼，所以每到**腊八**这天，场景变成了这样：

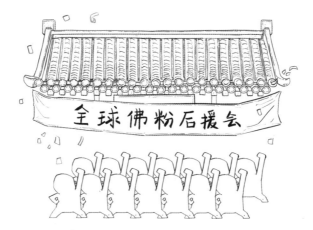

粉丝多了，业务也多，再只是洗澡搓背就没啥意思了，**燃灯供佛**这种活动也开始交给了腊八。

搞活动得有吃的，当时只有**药食**供佛粉吃，这是一种真正无欲无求的人才吃得下的东西。

于是腊八觉得机会来了，经过多次试验，腊八给大家准备了好吃的——

腊八粥！

不试不知道，一试好吃到爆！腊八粥很快就变成了网红食品。

据说腊八粥当时叫**七宝五味粥**，前身是唐代的药食，也有人说源于印度。除此之外，阿发还在药食的基础上研制出了**腊药**。

连**腊八**这个新人都混出息了，而**祭灶**和**除夕**又早就另立门户了，最后只有大哥**腊日节**还在吃老本。

因为娱乐活动少，所以只有官方才重视腊日节。到了唐末，连官方也不注重腊日节了。

腊八发达了，决定回头帮大哥一把。

之前腊日节祭祀，因为要用烦琐的阴阳五行来推算，时间压根就没个准！

来，我教你……

起开！

这不明摆着让人吃没文化的亏吗？后来就把腊祭的时间干脆固定到了**腊月八日**。

于是，腊八节的现状是这样的：

有宗教大V撑腰，有老牌节令坐镇，腊八就走上了**节生巅峰**。

四、如日中天

既然腊八尝到了**民以食为天**的甜头，接下来就在吃上狠下功夫。

腊八粥有南北差异，还有更丰富的食材，腊八趁热打铁，出了很多周边食品。

而且最重要的是，腊八很有爱心：

腊八节这天，寺院会向穷人施粥。

后来，人们还赋予了腊八粥**祈子**的含义：

每到腊八，适龄少男少女还要行穿耳剃发等习俗。

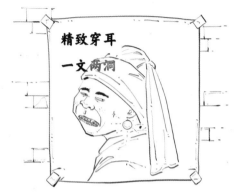

当然了，大哥腊日也出了不少力，比如把腊祭简化成腊八粥祭祀。

更重要的是，因为腊日以前在皇家很有地位，朝廷也很重视腊八。

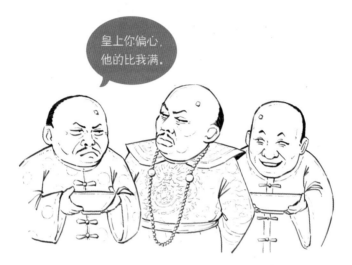

比如清朝就很重视腊八，这一天要赐百官腊八粥，以示恩宠。

大家都知道，后来连年战乱、动荡不堪，逃命还来不及，哪儿还有心思过节啊！

一个节日花了大半辈子才走到巅峰，却只过了几炷香的时间就辉煌不再了。

现在知道这一碗腊八粥里都包含着啥了吧？

十、二十四节气——

古代劳动人民的大智慧

提到二十四节气，大家多少能说出几个来。

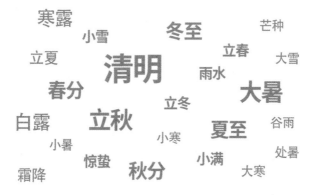

寒露 小雪 冬至 芒种
立夏 立春 大雪
清明 雨水
春分 大暑
立冬
白露 立秋 夏至 谷雨
小暑 小寒 处暑
霜降 惊蛰 秋分 小满 大寒

为了方便大家记忆，有人还将这二十四节气组成了一首
诗歌：

春雨惊春清谷天，夏满芒夏暑相连。
秋处露秋寒霜降，冬雪雪冬小大寒。

作为中国人，光会背不行，还得了
解它们到底是怎么回事。

二十四节气的故事

故事是这样的……

从前有24个仙人，虽然他们人多脸杂，却有着同一个使命：**帮助农民丰收！**

他们就是**二十四节气**。

这些神仙轮番管理人间，大概每隔15天，就换人上岗。

上班时间隔得近的神仙还拉帮结派，形成了四个派别：

让我们欢迎最先登场的：**春派**！

第一章：回春的诱惑

最早上班的，是春派的老大。他发现农民的粮食已经所剩无几，可人间还冷得跟冰河世纪似的，这让人怎么愉快地开始一年的劳作？

于是，他麻溜地撕下了寒冷的封印！

他就是**立春**。

这封印一解，人间开始回暖。

而农民一看这景象，就开始盘算着干活儿的事儿了。

可要想种地，光回暖咋够呢！于是又上任两个新神仙：

雨水　　　　　　　　**惊蛰**

负责送水，
灌溉土地。　　　　　　负责惊醒蛰伏的小·动物，
　　　　　　　　　　　让土地松软。

　　咔咔一顿操作完，该播种了吧？还不行。加速作物的生长
得有阳光，白天得够长啊！

然而此时的白天，
还是有点短。

下任小仙发现了问题，不由分说，将白天和黑夜的时间切成了一样长。

这个把昼夜平分的神仙，就叫**春分**。

从他开始，白天的时长开始占据上风，农民一看，那还怕啥，开种吧！

所以，虽然从字义上看，立春是春天的开始，但在农民眼里，带来春种消息的春分，才是春天的代言人。

春分过后，接任的同事是个颜控……

清明

她在任的时候，不但花草争奇斗艳，由于天气越发暖和，人们也开始种蔬菜瓜果。人间处处好风光，世界走上颜值巅峰，天地清洁又明净。

可有人看不下去了，花花草草整得飞起，是不是该照顾照顾谷子了？

　　于是，随后来了位仁兄，他下起了雨。这么一来，谷子天天都能喝到"快乐水"，所以他是——

　　谷雨是春派的老幺，他一卸任，春天差不多也该谢幕了。

第二章："肿"夏夜之梦

如果说春派小仙一个个都是文艺青年，那夏派就都是超级暖男！

首先登场的是夏派老大：**立夏**。

他一寻思：春派雨下得挺多，夏派不能输！于是哗哗哗，新官上任三把雨，还特意加上了雷电特效。

> 开场就要气势足！不能输！

可立夏是个偏心眼，并没有雨露均沾。

> 我是小麦，我好渴。

南方正式进入雨季，掀起种植高潮；可北方的雨还是少得可怜。

于是随后来了个水军，前往北方安抚人心。

小麦被雨水一滋润，开始"肿"了，逐渐丰满起来，所以这个节气就叫**小满**。

丰满后的小麦，越来越膨胀！原来的麦叶衣服被撑破了，退化成一条条的麦芒。

有了芒，就代表成熟了，所以人们得赶紧收割，空出地来还可以再种一轮！

下面接手的节气就叫**芒种**。

温馨提示：这里的小麦是去年播种的。

所以芒种时，北方已经吃上了新粮食，南方却还在焦急地等待稻谷成熟。

别担心，有人过来加了一把火。

这个节气就叫**夏至**。它的工作是把白昼拉长到极致。

而接下来的两兄弟，也轮番上阵，投入到催熟谷子的紧张工作中。他们化身成夏天里的两把火，来势汹汹地炙烤人间！

小暑

温度持续走高，雨水哗啦啦地下，太阳暖烘烘地照，夏秋作物进入旺盛的生长期。

大暑

到了一整年最热的日子，太阳疯狂对人间放火，气温一路飙高，农作物像打了鸡血一样超快生长。

此时的稻谷特喜欢阳光，这么一烤，噼里啪啦，终于在**大暑**任职期间成熟了，南方的首次大丰收完成了！

丰收了，地也空出来了，那再来一轮种植大业吧！

可刚种好小秧苗，农民就赶紧跑出来说：

于是初冷天团，也就是秋派节气上场了。

第三章：一个像夏天，一个像秋天

秋派的口号是：**天凉好个秋**。可他们老大出场的时候，你一定会破口大骂——

立秋

我信你个鬼，热死了！

没错，这哥们贼得很，虽然叫秋，可天气还是热得要死，工作没完成就撤了。

虽然天气还没有凉爽下来，但立秋一来，人们就知道庄稼马上要成熟了。

为了降温，得有个人负责把暑气赶到别处，

谁要去火？

这个人就叫**处暑**。

可这工作辛苦又漫长，所以处暑期间通常还是热得很，人称**秋老虎**。

外人不明白处暑的委屈，但同事们懂，下一任节气是个心地善良的姑娘。

交接时，虽然还有些热，但经过处暑的努力，自己的工作轻松不少，她感动得直掉泪。

白露

在她的任上，露珠滋润了农作物，还给人间降了温。

终于，热天大势已去，接下来的工作就好做多了。比如**秋分**就很轻松，把昼夜的时间再次切成一样长。

于是秋分过后，黑夜逐渐占了上风，天气自然也越来越冷。

之前的露水，渐渐变成了寒冷的露珠，然后再变成更寒冷的霜……

于是**寒露**和**霜降**相继上任了，她们和**白露**被称为秋季的三个水枪手。

水枪手们喂熟了新粮食，于是农民又迎来一次大丰收。

既然KPI快完成了，那就让农民休养生息一下吧！

于是**冬派**节气登场了。

第四章：大约在冬季

冬派是高冷派。

　　他们可看不起秋派那点降温技能。结点霜算什么，**立冬**一上场，咔咔咔就结冰；同时，还催眠了土地，让土壤也能休息一冬天。

　　天一冷，农民伯伯也觉得没啥好种的了，于是就开始收拾地里的东西，准备过冬。

而接下来两个节气的神仙更猛！结冰只是小意思，雪花了解一下啦！

小雪　　　大雪

虽然冰雪让农民干不了农活，但别担心，冰雪也是来年丰收的前兆。比如，小雪的阴气非常重，可以把农田里的害虫都冻死。

再比如，大雪给大地盖了一层厚厚的棉被，即使寒流刮过，冬眠的土壤也能睡得暖暖和和。

正像谚语中说的：

今年麦盖三层被，来年枕着馒头睡。

为了让大家更好地休息，下一个节气的做法直接又粗暴：

这个把黑夜拉长到极致的冬派节气，就叫**冬至**。

冬至一过，后面上任的神仙是个超级冷男：**小寒**。

　　此时天寒地冻，完全没法劳作，农民伯伯这才能开始一年中为数不多的放假玩耍时间。

小寒号称全年最冷节气，连后面接班的大哥——**大寒，**都比不过他。

可大寒命好，上任期间差不多正好过年！这时候，大家可以尽享丰收成果，好好放松放松了！

而大寒是最后一个节气，他一来，农民掐指一算：春天要来了！于是又开始了一个新的轮回。

当然，混子哥为了简明，只写了普遍地区的农事规律。实际上，南北有很大差异哦。

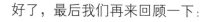

好了，最后我们再来回顾一下：

揭开寒冬封印　　　　灌溉土地　　　　惊醒动物，疏松土壤

平分昼夜时长　　　用花草装饰人间　　　为谷物浇水

给南方送雷雨　　　给北方送雨　　　让小麦抽出麦芒，小麦成熟

给稻谷加把火　　第二波给稻谷催熟　　稻谷成熟

没有完成入秋任务　　迎来秋老虎　　下露，成功逼退热度

再次平分昼夜　　给露水降温　　让露水结霜，迎接大丰收

让世界结冰，催眠土地　　　冻死害虫　　　给土地盖上"棉被"

强行把黑夜拉长到极致　　　全年最冷　　　开心过年，享受丰收

现在知道你背的节气歌讲的是啥了吧！